SENTIMIENTOS IMPORTANTES

SENTIRSE

TEMEROSO

por Mary Lindeen

NORWOOD HOUSE PRESS

ESTIMADO (A) CUIDADOR (A), Los libros de la serie Comenzando a Leer - Grandes Sentimientos apoyan el aprendizaje social y emocional (ASE) de los niños. Se ha demostrado que el ASE promueve no sólo el desarrollo de la autoconciencia, la responsabilidad y las relaciones positivas, sino también el rendimiento académico.

Investigaciones recientes revelan que la parte del cerebro que gestiona las emociones está directamente conectada con la parte del cerebro que se utiliza en tareas cognitivas como la resolución de problemas, lógica, razonamiento y pensamiento crítico, todo lo cual es fundamental para el aprendizaje.

El ASE también está directamente vinculado con lo que se conoce como Habilidades del Siglo XXI: colaboración, comunicación, creatividad y pensamiento crítico. Los libros incluidos en esta serie de ASE ofrecen un acercamiento temprano para ayudar a los niños a desarrollar las competencias que necesitan para tener éxito en la escuela y en la vida.

En cada uno de estos libros, los niños más pequeños aprenderán a reconocer, nombrar y manejar sus sentimientos, al tiempo que aprenden que todo el mundo comparte las mismas emociones. Esto les ayuda a desarrollar competencias sociales que les beneficiarán en sus relaciones con los demás, lo que a su vez contribuye a su éxito en la escuela. Además, los niños también practican habilidades lectoras tempranas mientras leen palabras de uso frecuente y vocabulario relacionado con el contenido.

Los materiales de la parte posterior de cada libro le ayudarán a determinar el grado de comprensión de los conceptos por parte de su hijo, le proporcionarán diferentes ideas para que practique la fluidez y le sugerirán libros y páginas de internet con lecturas adicionales.

Lo más importante de la experiencia de lectura con estos libros, y con todos los demás, es que su hijo se divierta y disfrute leyendo y aprendiendo.

Atentamente,

Mary Lindeen

Mary Lindeen, autora

Norwood House Press
For more information about Norwood House Press please visit our website at www.norwoodhousepress.com or call 866-565-2900.
© 2022 Norwood House Press. Beginning-to-Read™ is a trademark of Norwood House Press.
All rights reserved. No part of this book may be reproduced or utilized in any form or
by any means without written permission from the publisher.

Editor: Judy Kentor Schmauss   **Designer**: Sara Radka   **Consultant**: Eida Del Risco

Photo Credits: Getty Images: Bryan Allen, 9, Carol Yepes, 21, Cavan Images, 18, Elva Etienne, 5, Elva Etienne, 17, evgenyatamanenko, 29, EyeEm/chwn chay pi na ka se, 10, EyeEm/Esther Moreno Martinez, cover, 1, ImagesBazaar, 13, Jose A. Bernat Bacete, 3, ktaylorg, 22, Masafumi Nakanishi, 26, Milko, 25, Yellow Dog Productions, 14, Zia Soleil, 6

Library of Congress Cataloging-in-Publication Data
Names: Lindeen, Mary, author.
Title: Sentirse temeroso / por Mary Lindeen.
Other titles: Feeling afraid. Spanish
Description: Chicago : Norwood House Press, [2022] | Series: A beginning-to-read book | Audience: Grades K-1 | Summary: "What does
   it mean to feel afraid? Readers will learn how to recognize and manage that feeling in themselves, and how to respond to others who
   feel that way. An early social and emotional book with Spanish-only text, including a word list"-- Provided by publisher.
Identifiers: LCCN 2021049943 (print) | LCCN 2021049944 (ebook) | ISBN 9781684508013 (hardcover) | ISBN 9781684047093 (paperback) | ISBN
   9781684047178 (epub)
Subjects: LCSH: Fear in children--Juvenile literature. | Emotions--Juvenile literature.
Classification: LCC BF723.F4 L5618 2022 (print) | LCC BF723.F4 (ebook) |
   DDC 155.4/1246--dc23/eng/20211124
LC record available at https://lccn.loc.gov/2021049943
LC ebook record available at https://lccn.loc.gov/2021049944

Library ISBN: 978-1-68450-801-3   Paperback ISBN: 978-1-68404-709-3

¡Mira esta araña!

Mucha gente piensa que las arañas como esta dan miedo.

Aunque no todos se sienten así.

¡Algunas personas piensan que las arañas son geniales!

Algunas personas piensan que esta atracción da miedo.

¡Y a otras personas les encanta!

La gente le teme a diferentes cosas.

Pero todo el mundo siente temor
de algo.

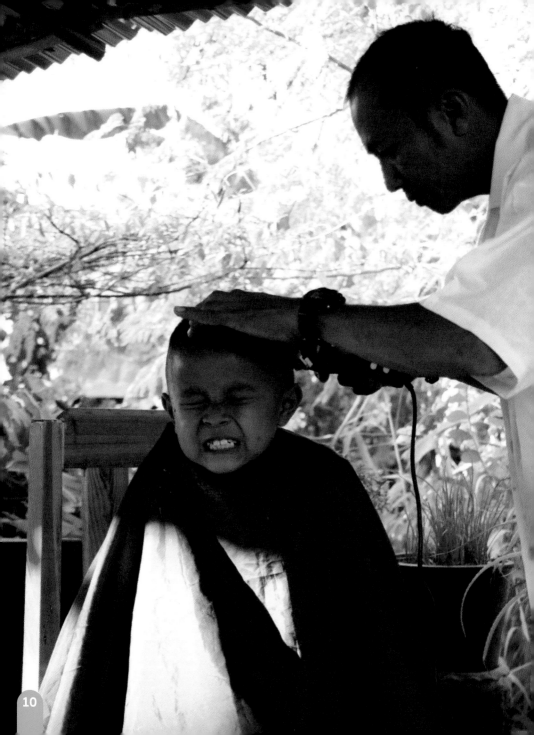

Algunas personas se quedan muy quietas y en silencio cuando sienten temor.

En ocasiones, otras personas gritan o lloran de miedo. Hasta podrían intentar huir de lo que les asusta.

Sentirte temeroso puede hacer que tu corazón lata más rápido.

No es divertido
sentirse temeroso.

Pero a veces puede ser
de utilidad.

Sentirte temeroso te
recuerda que debes
tener cuidado.

Puede protegerte
del peligro.

Pero sentirte temeroso también puede evitar que intentes hacer cosas nuevas y divertidas.

Hacer preguntas
puede ayudarte
cuando te
sientes temeroso.

¿Tus sentimientos
te ayudan a
mantenerte
a salvo?

¿O el miedo evita
que te diviertas?

Hablar con alguien en quien confías puede ayudarte a sentir menos temor.

Respirar profundo también puede ser de utilidad.

Escuchar música también puede ayudarte, o pensar en algo que no te dé miedo.

Recuerda que
los sentimientos
vienen y van.

En ocasiones,
sentirse temeroso
está bien.

Ese sentimiento
no durará
para siempre.

¡Y pronto te sentirás mejor!

Lista de palabras

a
algo
alguien
algunas
araña
arañas
asusta
así
atracción
aunque
ayudan
ayudarte
bien
como
con
confías
corazón
cosas
cuando
cuidado
da
dan
de
dé
debes
del
diferentes
divertidas
divertido
diviertas
durará
el

en
encanta
es
escuchar
ese
esta (pronombre demostrativo)
está (verbo)
evita
evitar
geniales
gente
gritan
hablar
hacer
hasta
huir
intentar
intentes
la
las
lata
le
les
lloran
lo
los
mantenerte
más
mejor
menos
miedo

mira
mucha
mundo
música
muy
no
nuevas
o
ocasiones
otras
para
peligro
pensar
pero
personas
piensa
piensan
podrían
preguntas
profundo
pronto
protegerte
puede
que
quedan
quien
quietas
rápido
recuerda
respirar
salvo
se

sentimiento
sentimientos
sentir
sentirás
sentirse
sentirte
ser
siempre
siente
sienten
sientes
silencio
son
también
te
teme
temeroso
temor
tener
todo
todos
tu
tus
utilidad
van
veces
vienen
y

Sobre la autora

Mary Lindeen es escritora, editora, madre y, anteriormente, profesora de primaria. Ha escrito más de 100 libros para niños y ha editado muchos más. Se especializa en la alfabetización temprana y en libros para jóvenes lectores, especialmente de no ficción.